El corazón

Lisa Greathouse

Asesora

Gina Montefusco, enfermera matriculada
Hospital de Niños Los Ángeles
Los Ángeles, California

Créditos

Dona Herweck Rice, *Gerente de redacción*; Lee Aucoin, *Directora creativa*; Don Tran, *Gerente de diseño y producción;* Timothy J. Bradley, *Gerente de ilustraciones*; Conni Medina, M.A.Ed., *Directora editorial*; Katie Das, *Editora asociada*; Neri Garcia, *Diseñador principal*; Stephanie Reid, *Editora fotográfica*; Rachelle Cracchiolo, M.S.Ed., *Editora comercial*

Créditos fotográficos

portada Gelpi/Paul Matthew Photography/Shutterstock; p. 1 Gelpi/Paul Matthew Photography/Shutterstock; p. 4 Dmitriev Lidiya/Stockphoto; p. 5 Dmitriev Lidiya/Oguz Aral/Stockphoto; p. 6 Stuart Monk/Shutterstock; p. 6 Judy Barranco/iStockphoto (arriba), Monkey BusinessImages/Shutterstock (abajo); p. 7 Oguz Aral/Shutterstock; p. 9 Sebastian Kaulitzki/Shutterstock (arriba), Italianestro/Shutterstock (abajo); p. 10 Jorge Salcedo/Shutterstock; p. 11 Supri Suharjoto/Shutterstock (izquierda), Bill Fehr/Shutterstock (derecha); p. 12 Artur Gabrysiak/Shutterstock (izquierda), Matthew Cole/Shutterstock (derecha); p. 13 Michelle D. Milliman/Shutterstock; p. 14 Juriah Mosin/Shutterstock; p. 15 Iris Nieves/iStockphoto (arriba), Cecilia Lim H. M./Shutterstock (abajo); p. 16 Rhonda Odonnell/Dreamstime.com; p. 17 Avava/Shutterstock; p. 18 Patricia Marks/Shutterstock; p. 19 Gianna Stadelmyer/Shutterstock (abajo izquierda), Monkey Business Images/Shutterstock (arriba derecha); p. 20 Robert Forrest/Shutterstock; p. 21 Monkey Business Images/Shutterstock; p. 22 Gelpi/Shutterstock; p. 23 Cameramannz/Shutterstock; p. 24 Monkey Business Images/Shutterstock; p. 25 Monkey Business Images/Shutterstock; p. 26 Gary Paul Lewis/Shutterstock; p. 27 Maridav/Shutterstock (izquierda), Sextoacto/Shutterstock (derecha); p. 28 Rocket400 Studio/Shutterstock; p. 29 Ana Clark; p. 32 Dr. Doris Taylor

Teacher Created Materials
5301 Oceanus Drive
Huntington Beach, CA 92649-1030
http://www.tcmpub.com

ISBN 978-1-4333-2603-5

Tabla de contenidos

Tu fascinante corazón

¿En qué piensas cuando ves un corazón? Es probable que recuerdes el día de San Valentín. Sin embargo, ¡el corazón no se parece en nada al de San Valentín!

En realidad, el corazón es un **músculo**.
Es el músculo que más trabaja en el cuerpo.

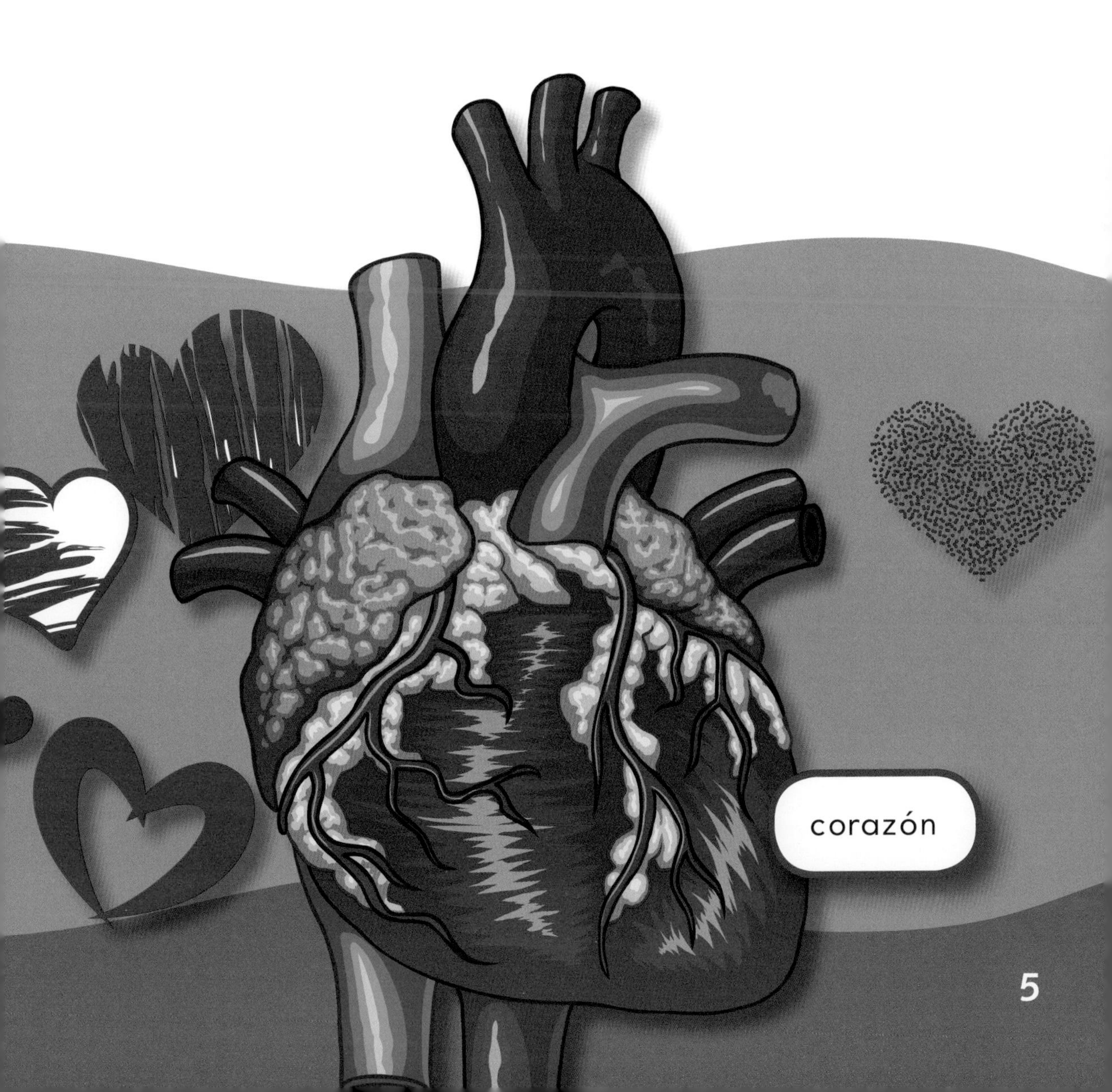

Cierra el puño. Ése es el tamaño aproximado de tu corazón. El corazón está en el medio del pecho. Está ubicado entre los dos pulmones.

Las costillas se ocupan de proteger el corazón en caso de que te golpees el pecho o te caigas.

Dato curioso

A medida que creces, el tamaño de tu corazón también aumenta.

¿Qué hace el corazón?

El corazón es como una bomba. Antes de cada latido, el corazón se llena de sangre. Luego, la expulsa para que viaje por todo el cuerpo.

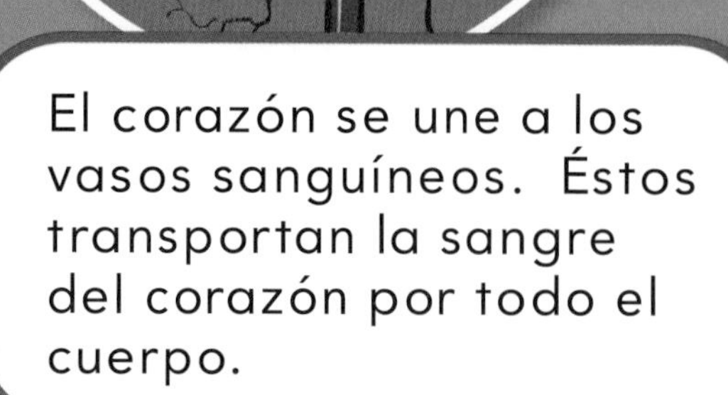

El corazón se une a los vasos sanguíneos. Éstos transportan la sangre del corazón por todo el cuerpo.

Pero la sangre no sólo se mueve sin orden. Se mueve por el cuerpo dentro de unos tubos llamados **vasos sanguíneos**.

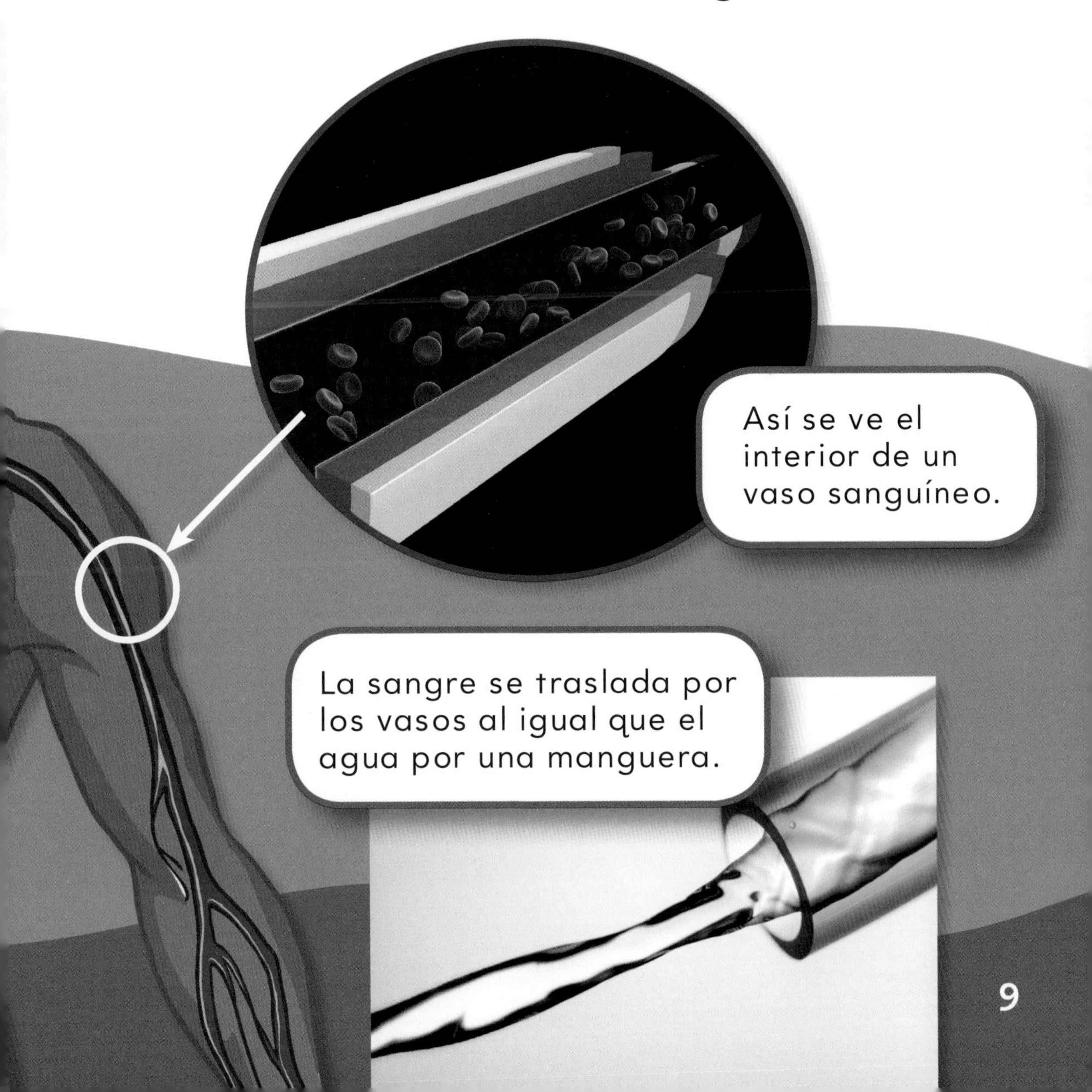

La sangre cumple una función. Lleva **oxígeno** a todas las **células** de tu cuerpo. ¡El oxígeno te mantiene vivo!

El corazón tarda menos de un minuto en bombear sangre a todas las células. ¡Es una bomba muy fuerte!

¡Escucha!

El corazón bombea alrededor de 2,000 galones de sangre por día. ¡Es tan fuerte que podría lanzar sangre a una distancia de 30 pies!

Cada sector del corazón tiene un trabajo. La parte izquierda envía sangre a los pulmones. Allí recoge el oxígeno. Luego, la sangre transporta el oxígeno a las células.

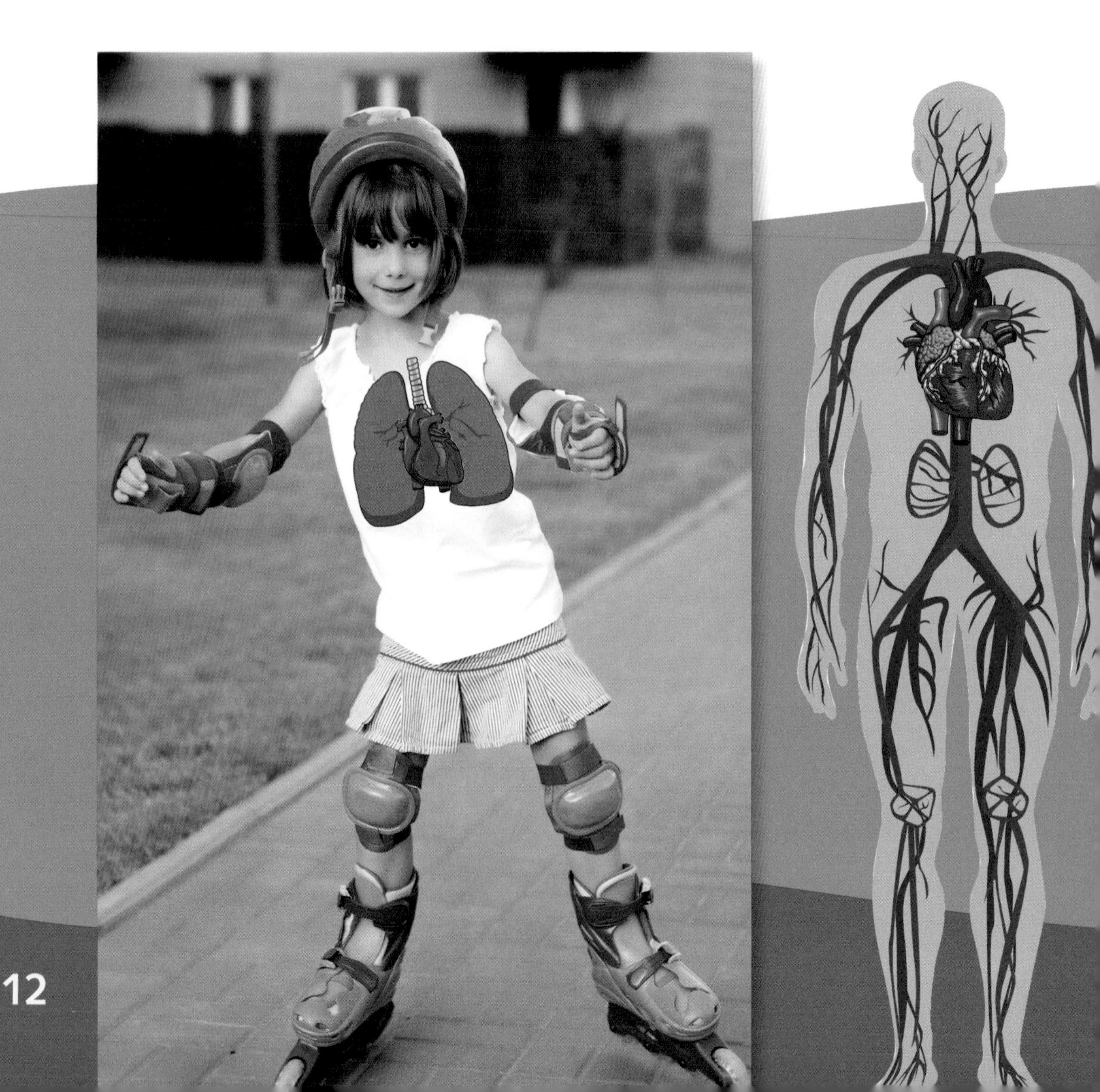

La sangre regresa a la parte derecha del corazón. Luego, vuelve a los pulmones donde exhalas las toxinas de las células. ¡Entonces el ciclo comienza de nuevo!

¿Puedes sentir los fuertes latidos del corazón cuando corres deprisa o saltas la cuerda? La respiración también se acelera.

Esto se debe a que tu cuerpo necesita que la sangre transporte más oxígeno. ¡Es en ese momento que el corazón acude al rescate! Bombea más rápidamente para seguirle el ritmo.

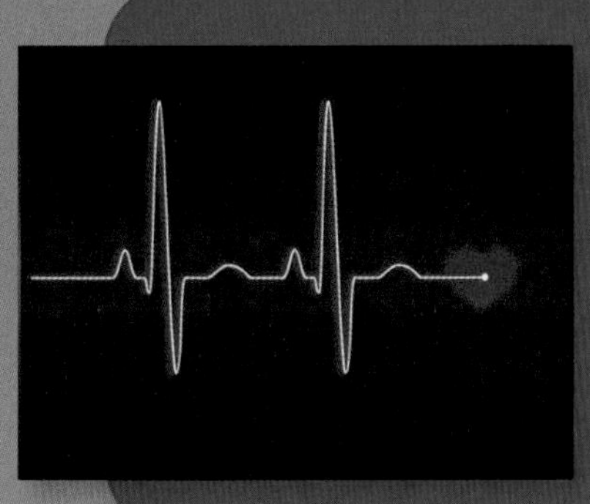

¿Cuántas veces?

Tu corazón late 100,000 veces por día. ¡Son treinta y cinco millones de latidos por año!

Encuentra tu pulso

Hay una buena manera de sentir el latido del corazón—¡desde el exterior de tu cuerpo! Se trata del **pulso**.

Una forma de hallar el pulso es presionar suavemente la parte interna de la muñeca, debajo del pulgar. ¿Puedes sentir un pequeño ritmo bajo la piel? Es el latido de tu corazón.

Otro lugar donde es posible encontrar el pulso es en el costado del cuello.

¿Hay momentos en los que sientes que el corazón late más rápido? ¿Es posible que sea cuando estás entusiasmado o asustado?

Esto sucede porque el cerebro envía mensajes a tu cuerpo. Los mensajes hacen que el corazón se acelere. ¡Más sangre fluye hacia tus músculos en el caso que necesites correr!

El cuidado del corazón

Ya sabes por qué el corazón es una parte muy importante de tu cuerpo. ¡Te mantiene vivo! Puedes enfermarte mucho si tu corazón no trabaja de manera correcta.

Sin embargo, hay buenas noticias. Es posible hacer algo para tener un corazón sano.

¿Te gusta bailar? ¿Jugar al fútbol? ¿Saltar la cuerda?

La actividad física es lo mejor que puedes regalarle a tu corazón. Fortalece el músculo cardíaco. Trata de hacer 30 a 60 minutos diarios de ejercicio como mínimo.

Dato curioso

Tu ritmo cardíaco es de aproximadamente 100 latidos por minuto. Sin embargo, puede superar los 200 latidos cuando haces actividad física.

Otro regalo que puedes darle a tu corazón es la elección de alimentos saludables. Consume más frutas y vegetales. Escoge panes integrales. No tomes refrescos ni comas dulces.

Aprende a leer las etiquetas de los alimentos para hacer elecciones inteligentes. ¡Tu corazón te amará por esto!

Dile no al cigarrillo

No fumes. También evita el humo del cigarrillo. El tabaco puede causar daño al corazón.

Ya entiendes la importancia que tiene tu corazón. De ti depende mantenerlo sano para que siga latiendo por mucho, mucho tiempo.

Tal vez tu corazón se parezca al de San Valentín. Sin embargo, ¡deberías demostrarle algo de cariño por todo el esfuerzo que hace!

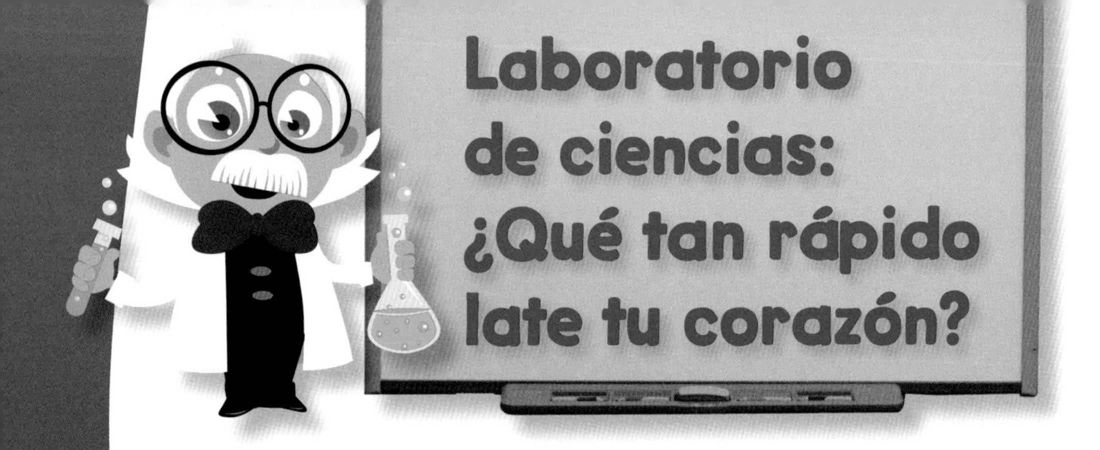

Laboratorio de ciencias: ¿Qué tan rápido late tu corazón?

¿Cuánto más rápido late tu corazón cuando haces ejercicio? ¡Encuentra tu pulso y descúbrelo!

Materiales:

- un reloj con segundero para cada grupo de estudiantes

Procedimiento:

1. Usa los dedos índice y medio para buscar el pulso en la parte interna de la muñeca o al costado del cuello.
2. Cuenta la cantidad de latidos que tienes durante 15 segundos.
3. Multiplica por cuatro ese número para saber cuántas veces late tu corazón en un minuto. Si necesitas ayuda, pídesela a un adulto.

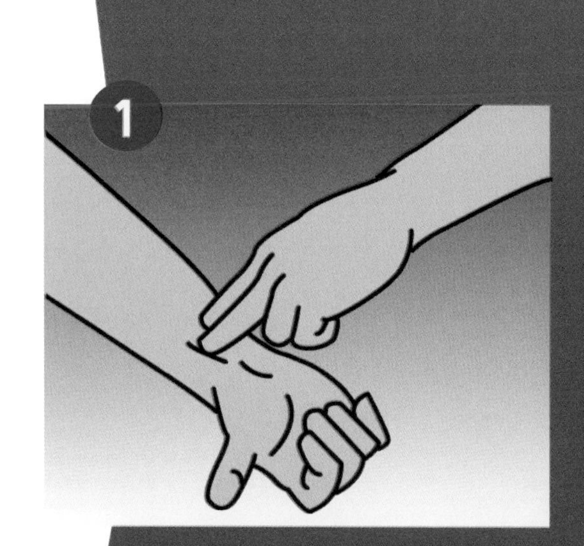

4. Escribe los latidos de tu corazón "en reposo".
5. Corre en el lugar o haz saltos tijera durante dos minutos.
6. Detente y vuelve a tomarte el pulso.
7. Repite los pasos 1 a 3. Escribe tu ritmo cardíaco "activo".
8. Resta el ritmo cardíaco "en reposo" del ritmo cardíaco "activo". La diferencia indica cuántas veces más por minuto late tu corazón cuando haces ejercicio.

Glosario

células—los bloques de construcción que forman tu cuerpo

músculo—las partes del cuerpo que ayudan a las personas a moverse

oxígeno—un gas necesario para respirar

pulso—la cantidad de latidos cardíacos por minuto

vasos sanguíneos—los tubos que transportan la sangre por el cuerpo

Índice

Una científica actual

La Dra. Doris Taylor estudia el corazón. Quiere usar células humanas para fabricar nuevos corazones para las personas enfermas. Ya lo practicó con corazones de ratas. En 2008, ¡ella y otros científicos lograron fabricar un nuevo corazón de rata en un laboratorio!